PÉTITION

A MESSIEURS

DE LA CHAMBRE DES DÉPUTÉS.

AVIS.

La première édition de ma pétition *à M. le directeur général des contributions indirectes,* dont celle-ci n'est que la réimpression avec les légers changements nécessaires pour l'approprier à sa nouvelle destination, s'est si rapidement écoulée; toutes les classes de citoyens et de toutes les opinions ont mis un tel empressement à se la procurer, que je leur dois des remerciements pour l'intérêt qu'ils m'ont témoigné. Cet intérêt prouve que nous avons fait assez de progrès en instinct politique pour sentir que *l'injustice faite à un membre de la société les menace tous; que chaque coup d'épée dans la loi menace le sein de chacun;* que c'est pour s'être endormi, ou pour s'être fait illusion sur ces vérités de morale politique que tant de désordres et d'abominables cruautés, *de toutes les couleurs,* ont eu lieu. Je prie de croire que ce n'est pas seulement pour moi que je voudrais les prévenir. Un des vainqueurs de *Jemmappes* et de *Fleurus* ne saurait être un égoïste, un hermaphrodite.

Diverses personnes, ayant confessé que j'étais *constitutionnel,* m'ont fait la question, les uns pour m'embarrasser, les autres dans le désir sincère de s'éclairer, sachant que la nature m'a doué de quelque bon sens, m'ont fait, dis-je, la question de savoir ce que j'entendais par ce mot de *constitutionnel?* J'y répondrai dans un prochain imprimé, avec la logique d'un *soldat,* le *bon sens,* la franchise d'un *paria,* la persévérance d'un martyr. Si je me trompe, on m'éclairera.

PÉTITION

A MESSIEURS

DE LA CHAMBRE DES DÉPUTÉS,

PAR

GÉRARD LANGLOIS,

ANCIEN SERGENT—MAJOR, BURALISTE DU TABAC A ALFORT,

PLACE QUI LUI AVAIT ÉTÉ DONNÉE COMME RÉCOMPENSE MILITAIRE,

DESTITUÉ SUR LES MOTIFS,

1º Qu'il a remis le Constitutionnel à des élèves, ce qui est vrai ;
2º Qu'il leur a vendu de l'eau-de-vie pour les soulever, ce qui est faux ;
3º Que sa femme a tenu un propos irréligieux, d'où l'on conclut qu'il est sans religion, ce qui est très charitable.

SECONDE ÉDITION.

A PARIS,

CHEZ LHUILLIER, ÉDITEUR,

RUE DAUPHINE, Nº 36,

ET CHEZ LES MARCHANDS DE NOUVEAUTÉS.

1824.

A MESSIEURS

DE LA

CHAMBRE DES DÉPUTÉS.

> « Disons maintenant, mes frères, par une pre-
> » voyance qui nous sera très utile, Tout passe
> » comme l'ombre ; de peur que nous ne di-
> » sions un jour comme ces méchants, avec
> » des regrets et des larmes inutiles, Tout est
> » passé comme l'ombre. »
>
> S. Augustin.

MESSIEURS LES DÉPUTÉS,

Tous les gouvernements mixtes, représentatifs, modérés, libres, c'est-à-dire *pondérés*, ont une tendance à l'impondération, à la destruction de cet équilibre des pouvoirs qui est la base du mouvement régulier ; tendance qui se manifeste plus ou moins selon que le *vouloir* de l'homme, toujours si mêlé de passions, est refréné, ou qu'on lui laisse prendre la place de la *volonté sacrée* de la loi. Il est donc nécessaire, sous peine de la vie sociale, dont l'ordre est le premier élément, que cette tendance illégitime, cette tendance au despotisme ou au désordre, ait un correctif énergique pour être efficace ; un correctif respectable, et respecté des grands comme du peuple, pour être salutaire. Ce correctif respectable est nécessairement dans la Chambre des Députés, qu'on peut appeler le *sensorium* de la nation. Il faut s'adresser à elle avec la persuasion que là il n'y a qu'un esprit lorsqu'il s'agit du règne de la loi. Au nom de son sang, *versé pour la patrie,* un vieux guerrier, sans reproches, vient donc supplier la Chambre des Communes de lui accorder son appui auprès du Père de la Patrie, de l'Auguste Chef du Pouvoir exécutif, contre un acte oppressif d'un fonctionnaire de ce même pouvoir.

Gérard LANGLOIS, de la commune d'*Alfort*, département de la Seine, époux et père de famille, expose humblement qu'il s'est vu ôter le bureau du tabac d'*Alfort*, sur des motifs au moins erronés, ce qu'il sera très facile de démontrer.

Ces motifs sont :

1° Qu'il faisait passer le *Constitutionnel* aux élèves de l'école vétérinaire ;

2° Qu'il leur fournissait du *papier à écrire,* des *plumes,* de la *chandelle,* du *vin* et de l'*eau-de-vie,* pour les soulever ;

3° Que sa femme, un jour que le chevalier *** avait communié, avait dit *qu'il n'y avait plus de bon Dieu, que le chevalier l'avait mangé.*

Qu'il soit permis à un malheureux chef de famille, presque sexagénaire, dont la vue affaiblie le menace de cécité, et que la mesure rigoureuse adoptée contre lui prive de son état, de soumettre à votre sollicitude paternelle les naïves observations que la vérité, son cœur et la raison, d'accord, lui dictent pour éclairer votre religion. L'exposant ne doute pas que vous ne désiriez de le trouver innocent, très innocent. C'est donc pour lui un devoir, sous tous les rapports, de vous prouver qu'il l'est : si vous n'en croyez pas sa sincérité, l'évidence des faits, patents, parlera assez haut pour lui.

§ Ier.

Sur le premier reproche, il pourrait dire : Quel mal a-t-il pu croire qu'il y eût à remettre à des élèves, ses pratiques, un journal autorisé par le gouvernement, que la poste elle-même remet à ses abonnés dans tout le royaume ? dès qu'il n'est pas arrêté à la poste, ce qui arrive quand on y croit quelque chose de suspect, n'est-ce pas une preuve que la circulation en est permise ? et est-ce à lui, homme illétré, vieux soldat, simple buraliste, de s'établir juge des journaux et d'être plus sévère que la police ? Voilà ce qu'il pourrait dire.

Mais il dira mieux, il dira : « Pour preuve que ma » conduite n'a eu d'autre mobile que *l'obligeance,* » et non *l'esprit de parti,* c'est que si l'on m'avait » chargé de remettre tout autre journal autorisé, » d'une couleur opposée, je l'eusse remis de même. » On pouvait en faire l'épreuve, rien n'était plus facile : on pouvait lui faire donner la commission, par les mêmes élèves ou par d'autres, de leur remettre le *Drapeau blanc* ou la *Quotidienne;* mais on n'avait pas besoin de chercher à vérifier ce que l'on savait à n'en pas douter.

Quel intérêt peut avoir un simple buraliste du tabac à des discussions polémiques ? auxquelles il est assurément aussi étranger qu'à celles sur la *grâce concomitante* ou sur les *cancans,* qui firent verser tant de sang en Allemagne, par la trop grande importance que leur donnèrent des grands sans grandeur ! Conclure, comme on l'a fait, de ce qu'il a remis un journal à des élèves, ainsi que tous les jours il leur remet d'autres objets à leur usage, *qu'il est l'ennemi du gouvernement,* n'est-ce pas donner étrangement l'entorse à ses actions?

Tous les jours il prie pour que celui de qui vient toute puissance garantisse ce même gouvernement d'erreur, lui fasse connaître ses vrais ennemis, qui sont ceux de tous les gouvernements, monarchiques ou républicains, *les hommes avides et sans foi*, pour qui rien n'est sacré, ni l'innocence, ni les lois, ni la religion, ni le trône; pour qui frapper est tout, et persuader n'est rien.

Mais ce n'est pas seulement par des vœux que l'exposant prouve son attachement au gouvernement, c'est surtout par sa conduite, la modération dans les actions, le zèle dans l'obéissance. Lorsque le roi ordonna l'organisation de la garde nationale, qui, de l'aveu même des alliés, a rendu de si grands services, l'exposant, quoique pauvre, s'empressa de s'y faire incorporer, de se faire habiller en uniforme, ce qu'il n'avait pas fait avant la restauration. Et depuis il n'a cessé dans le fond de son cœur de bénir un gouvernement pacifique, que ses plus mortels ennemis voudraient convertir en un gouvernement acerbe, inquisitorial, tracassier, implacable, en un mot *absolu,* pour satisfaire, à l'ombre du trône, leur avidité, ou leur haine contre le nouveau régime.

Si elle l'osait, la victime qui gémit, frappée par d'odieux soupçons, et que son cœur justifie pleinement, elle dirait : Ne sont-ils pas bien téméraires ceux qui présentent sans cesse le gouvernement comme environné d'ennemis, ceux qui, ne cessant de dénigrer les Français, veulent, malgré l'évidence et leur volonté manifeste, leur faire jouer ce rôle odieux et coupable? Est-ce bien l'intérêt du gouvernement, ou le leur, ou leurs aveugles passions, qu'ils consultent dans ces impudentes délations? Eh! à toutes les époques, n'avons-nous pas vu revivre, dans ces hommes outrés, *la matrone d'Éphèse ?*

Quoi qu'il en soit, l'exposant sera toujours *royaliste constitutionnel, quand même.* Si ces sentiments sont trouvés coupables, il mourra de misère, s'il le faut, avec sa famille ; mais aucun intérêt ne saurait lui faire trahir sa conscience, lui faire dire ce qu'il ne pense pas, ou séparer sa cause de la cause nationale : car il aime le roi, les lois pour la nation, tandis que d'autres, dans leur narcissisme, ne les aiment que pour eux. Un simple buraliste qui se voit attaqué dans ses principes, loin de les abjurer, croit devoir les avouer hautement. L'hypocrisie, la perfidie, ont de quoi tenter ses souples ennemis ; pour lui, il est franc dans sa profession de foi ; il va la continuer avec la même sincérité.

On lui a donné et il a accepté une place comme sujet fidèle. Les abus de confiance sont le dernier période de la dégradation de l'homme. L'exposant est pauvre, mais il n'est pas vil ; tandis que d'autres ne sont riches que parcequ'ils sont vils : chez eux la richesse est le fruit de la trahison ! Il faut convenir que ces hommes-là sont rares dans notre siècle, et ce n'est pas dans nos rustiques chaumières qu'il faut venir les chercher. Là règne une mâle franchise avec l'habitude de la médiocrité ; on y sait mourir avant que d'être fourbe.

Que ces sentiments ne vous surprennent point,

Messieurs les Députés, dans un homme pauvre ; il y a tant de riches qui sont de *pauvres hommes*, que la vertu a pris le parti de se réfugier chez les *hommes pauvres*. Ils sont la gloire de tous les pays, même lorsqu'on les persécute : ils fécondent la terre, la marine, le commerce, tous les arts , et ils remportent les victoires sans d'autres récompenses que la satisfaction d'avoir bien fait : si ce ne sont pas là des hommes d'honneur, le mot *honneur* n'a aucun sens (1). Les Romains pauvres furent nobles et libres ; devenus riches, ils furent vils et esclaves. Alors ils devinrent la proie de l'étranger. Grande mais inutile leçon !

C'est à son amour ou à son oubli envers les

(1) L'exposant a défendu la patrie pendant neuf ans et demi. Il a fait les campagnes des Pays-Bas, d'Allemagne, et s'est retiré (sergent-major) pour cause d'infirmité. Le ministre de la guerre, *Dejean*, lui ayant dit, en présence de MM. le maire de Charenton, et Doucin de Saint-Maur, qu'il fallait réclamer une pension : *Mon général*, lui répondit-il, *je puis encore travailler : j'ai servi la patrie par amour et non par intérêt.* Ce fait n'est pas apocryphe ; il est connu depuis vingt-six ans d'un public entier. L'exposant refusa, par désintéressement patriotique, une pension qui lui était légitimement due. Mais, par justice et pour lui en tenir lieu, le ministre de la guerre, à la disposition de qui avait été mise la moitié des places dans le monopole des tabacs, monopole qui n'a été créé que pour donner des récompenses aux défenseurs de la patrie, lui accorda le bureau d'*Alfort*, en lui annonçant qu'il devait se présenter chez M. le directeur-général (Français de Nantes) pour recevoir sa commission. Voilà donc une récompense nationale, garantie par l'article 69 de la Charte, qui garantit aux militaires en retraite leurs *titres, honneurs* et *pensions*. Pour ôter un titre donné comme récompense nationale, ne faudrait-il pas faire le procès du titulaire ?

hommes pauvres que l'on connaît la bonté ou les vices d'un gouvernement. Le bon Henri *voulait que chaque paysan eût la poule au pot.* Quand ce paysan éprouvait des vexations, il disait à ses officiers : *Vous m'en répondez : si on le ruine , qui nous nourrira, qui paiera les charges publiques, qui paiera vos pensions ? S'en prendre à mon peuple , c'est s'en prendre à moi !* Ah ! voilà le modèle du gouvernement monarchique ou paternel ! et ce modèle, c'est un roi éminemment constitutionnel qui l'a donné. Le pouvoir absolu gâte le cœur de l'homme. Les *Navarrins* disaient à leur roi à son avénement au trône : *Jurez de régner selon la loi; sinon, non.* Voilà un peuple respectable, qui fait honneur à son roi ! Aussi, après sa réunion à la France, le titre de *roi de Navarre* est-il resté , avec raison, dans celui de nos rois. Là , on n'aurait pas destitué un paysan buraliste pour avoir remis un journal, pour avoir fait une action non défendue par la loi , pour avoir été officieux envers des élèves aimables et prévenants, des Français enfin ! Ici on ne le ferait pas non plus, le cœur de l'exposant l'en avertit , si le roi le savait. *Ah ! si le roi le savait !* voilà le cri général, la clameur de haro. Eh bien... il le saura ; il saura que l'on a vexé, destitué , sans raison et contre toute raison , un paysan sans défense, un de ses sujets fidèles, dévoué, qui ne fit jamais que de bonnes actions, à qui l'on n'eut jamais à en reprocher une mauvaise, jamais ! Et qu'on ne lui fasse pas un crime de sa confiance au roi. Qui la blâme en est indigne. Le roi est l'appui naturel du faible contre le fort; c'est pour cela que le ciel donna des rois à la terre. Si l'enfer élève un mur d'airain entre eux et le peuple, la *liberté de la presse,* que le sage Louis XVIII nous donna, *pour raison,* est là.

Mais, en adressant ces paroles animées à ses délateurs, quels qu'ils soient, l'exposant ne doit pas oublier que c'est contre un acte de monsieur le directeur-général qu'il parle. Il est une brebis éloignée du bercail, mais non pas égarée : il le considère toujours comme son chef. S'il avait moins de confiance en votre justice, ainsi qu'en celle du roi, il ne laisserait pas éclater le feu d'une profonde indignation, résultat d'une injustice vivement sentie : il se tairait, ou il intriguerait, s'il en était capable, comme le font ceux qui ne peuvent soutenir la confrontation avec leurs accusateurs.

L'exposant est constitutionnel, oui. Mais a-t-il remis le *Constitutionnel* aux élèves de l'école vétérinaire par l'effet de cette même opinion ? Non : il le nie, bien que ce ne fût pas un crime, uniquement parceque cela n'est pas, et qu'il est positif, dans son opinion, que, si on le lui eût demandé, il aurait remis également tout autre journal autorisé, n'importe la couleur. Est-ce à lui, je le répète, à être le juge des journaux, à en arrêter la circulation ? Oh ! la bizarre attribution donnée à un pauvre buraliste, exprès pour le condamner, de ce qu'il n'a pas condamné lui-même un journal dans sa juridiction ! « Je suis marchand, peut-il dire ; tout ce qui a cours dans le commerce, je le laisse circuler, ou je le fais circuler moi-même, si mes pratiques me le demandent. Mais pour cet article, je n'y avais, à coup sûr, aucun intérêt que le plaisir d'obliger, qui a bien son prix pour les bonnes gens. »

Voilà le crime et le coupable, frappé par monsieur le directeur-général, par un acte sans doute subreptice , mais qu'on n'a pas voulu rapporter quand on a fourni les preuves de la fausseté des imputations (*Voyez* page 5o). Ce qui était un acte léger, mais excusable, tant qu'il a pu passer pour erroné, devient un acte oppressif dès que l'erreur ne peut plus subsister devant l'évidence des preuves.

§ II.

Sur le second reproche, l'exposant dira , et c'est un fait positif, que M. *Girard*, directeur de l'école vétérinaire, ne pourra contester, que lorsque ce directeur lui a reproché et défendu de fournir du *papier*, des *plumes*, de la *chandelle*, du *vin* et de l'*eau-de-vie* aux élèves, ainsi que de leur remettre le *Constitutionnel*, il aurait certainement pu lui répondre: Quand j'ai été commandé pour le service de la garde nationale, je l'ai fait avec exactitude, et à la satisfaction de mes respectables chefs ; je paie une patente et mes autres contributions pour être protégé dans mon commerce : ainsi, pourquoi ne vendrais-je pas aux élèves tout comme à d'autres , et tout comme je l'ai fait depuis vingt-six ans? Mais au lieu de cette réponse légale, que, certes, l'exposant eût pu faire à M. le directeur sans s'écarter des bornes du respect, car d'invoquer ses droits ce n'est une insulte qu'aux yeux de l'oligarchie ; au lieu donc de cette réponse légale, il lui répondit avec soumission, et néanmoins avec cette franchise toute française (dont souvent on s'offense, sans considérer qu'elle est dans le caractère national, qu'il n'est pas plus facile de changer, à cet égard, que d'empêcher l'eau de la rivière de suivre sa pente naturelle, ou de couler sous le pont de Charenton).

Il lui répondit donc : « Je fournis aux élèves le » papier à *trois sous* le cahier, au lieu de *six* qu'on » le leur fait payer dans l'école ; la chandelle à » *douze sous,* au lieu de *vingt,* et ainsi du reste : je » ne croyais pas qu'il y eût du mal à cela (1). Quant » au *Constitutionnel,* je n'y ai que de la peine sans » aucun profit ; mais j'aime à obliger, comme M. le » directeur l'a éprouvé lui-même toutes les fois » qu'il en a offert l'occasion à ma maison. *Enfin* » (ajouta-t-il avec une entière soumission), *puisque* » *vous me le défendez, je ne livrerai ou ne remettrai* » *plus aux élèves aucun de ces articles.* »

A-t-il manqué à sa parole? non. Quand il a cru son commerce libre avec les élèves comme avec d'autres, il leur a fourni tout ce qu'ils lui ont demandé de son fonds ; quand on le lui a défendu, il a entièrement cessé. Il est donc hors de reproche à l'égard des exigences, telles quelles, de son voisin M. le directeur ; et dès lors comment ne pas voir que ceux qui lui en font à ce sujet, qui le dénoncent ou le calomnient, n'ont cherché que des prétextes pour lui faire ôter son bureau, et par là ruiner son commerce, dont le tabac était la principale partie, et non l'unique, comme certains intérêts parasites l'eussent exigé. Pour donner une couleur à ce misérable reproche, *du débit aux élè-*

(1) Aucun mal à lui de vendre, et aux élèves d'acheter bon marché, c'est-à-dire à 60 ou 100 pour 0/0 au-dessous du prix *du portier de l'école.*

ves, il a fallu supposer quelque chose, et l'on a supposé, avec une charitable malice, que le débit du *vin* et de l'*eau-de-vie* coïncidant avec la remise du *Constitutionnel*, ce débit devait tendre à soulever les élèves. L'*eau-de-vie* pour seconder le *Constitutionnel!*... L'espèce d'hommes qu'on pourrait mener avec de l'*eau-de-vie* ne sont pas capables d'entendre le *Constitutionnel*, et ceux qui l'entendent ne sont pas des brutes qu'on puisse mener ou soulever avec de l'*eau-de-vie*. Mais, outre que le *Constitutionnel* n'a jamais parlé de semblables choses, qu'il n'a parlé que des droits publics, pour lesquels il a montré autant de respect que d'autres se montrent ardents à les violer, peut-on, de bonne foi, supposer un complot, un crime de tendance, par la seule vente ou remise d'objets, dans le commerce, sans qu'il y ait eu un seul mot de proféré? Pour ce qui est du *vin*, l'exposant défie qu'on lui prouve que *jamais il en ait vendu une bouteille, ni aux élèves, ni à personne.*

Ne serait-ce pas plutôt une concurrence que l'on a voulu écarter? de petits calculs que l'on veut réaliser?

Eh! où nous conduira ce système, de mettre ainsi les passions à la place de la constitution qui nous garantit la sûreté des personnes et des propriétés? ce système qui nous replonge par conséquent dans les horreurs du gouvernement révolutionnaire! Si telles étaient, comme telles ne sont pas, les vues de l'autorité, je lui dirais : Il faut les manifester ouvertement, alors chacun saura à quoi s'en tenir. Des autorités révolutionnaires spéciales, une dictature, ont au moins le mérite de la franchise ; chacun sait qu'on peut lui ravir la vie , ses propriétés, arbitrairement, sans autre motif que le vouloir de celui ou de ceux dont la volonté implicite est mise momentanément à la place de la volonté explicite de la loi ; on prend ses mesures en conséquence. Mais convertir les autorités constitutionnelles en autorités révolutionnaires, c'est-à-dire qui opèrent arbitrairement; qui frappent, destituent les fonctionnaires, même les magistrats; qui s'emparent du commerce par le monopole, dans le monopole, ce serait rendre le mal constant, ce serait dénaturer des autorités qui n'ont pas été créées pour cela, ce serait un système jésuitique pire que celui de la dictature franche et déclarée. Sous des autorités constitutionnelles , je compte sur la protection de la loi ; je sais qu'il me suffit de ne pas faire ce qu'elle défend, et je défends la loi quand elle est violée ; mais sous des autorités dictatoriales ou révolutionnaires, je ne compte plus sur la protection de la loi ; je sais que je dépends de l'homme qui peut exiger de moi que je fasse ce que la loi défend : par exemple, que je viole les contrats au détriment de la foi contractuelle, au détriment de mes enfants dont j'ai voulu assurer le sort , et exiger que je reconnaisse *instantané* ce que le contrat déclare *perpétuel.*

Dieux protecteurs de la France, garantissez-la du retour du régime révolutionnaire ! Que ce régime soit démagogique ou aristocratique , c'est toujours le sommeil de la loi , de la constitution ; c'est-à-dire un état terrible , la mer soulevée, où le vaisseau de l'état va tout d'un coup surgir au port , ou périr inévitablement s'il reste exposé à la tourmente de

la tempête. La dictature, ou gouvernement révolutionnaire, est comme une maladie aiguë qui, en
un instant guérit ou tue : si la maladie devient
chronique, le malade, le corps politique, court à
une mort certaine, ou tombe dans le marasme,
encore pire que la mort.

Voulez-vous de la dictature, commencez par vous
demander si vous avez un *Caton*, un *Cincinnatus*,
c'est-à-dire quelque demi-dieu, impassible comme
la loi. Dans le cas contraire, n'allez pas renoncer à
l'égide de la loi pour vous livrer à discrétion à la
volonté de l'homme ; que dis-je, la volonté de
l'homme ! eh ! où sont-ils ces hommes qui ont une
volonté ? Je ne vois que des caprices, une marche
versatile, empreinte de la légèreté de toutes les
petites passions d'esclaves, dont cette marche équivoque est le triste résultat !

A toutes les époques, que nous a produit le gouvernement révolutionnaire, implicite ou explicite ?

La constitution de 1791, violée, n'a pu défendre
le malheureux Louis XVI. En droit public, la bar-
rière est détruite dès qu'elle est franchie ; cela
prouve le sommeil, la faiblesse ou la perfidie des
gardiens ; dans tous les cas, le mal est à son comble
dès que la loi n'est plus la loi ! Ce mal qui, quelque-
fois, n'est pas mortel quand il n'attaque que quelques lois de détail, l'est toujours quand il attaque
la constitution qui est la base de l'édifice social. On
ne peut toucher à la base sans tout détruire : voilà
ce que nous dit notre bon sens, ce que nous con-
firme l'expérience.

La constitution de 1793, non pas violée, mais
franchement enterrée, n'a pu sauver la convention,

qui s'est décimée de ses propres mains, et qui s'é-
tait flattée de pouvoir ressusciter sa divinité à volonté.

La constitution de l'an III, violée parceque le directoire renfermait un traître, violée par des coups
d'état qui se succédaient comme les tempêtes sur un
océan orageux, n'a pu défendre le directoire, qui,
au moins, s'est retiré, lui, laissant les frontières
respectées, bien que dégarnies des quarante mille
hommes d'élite que Buonaparte avait emmenés en
Égypte se faire conquérir par la peste, comme plus
tard il emmena deux cent mille hommes à Moscou
se faire conquérir par le froid....

La constitution de l'an VIII, si l'on peut appeler
de ce nom un squelette décharné, aussi sec que
l'âme du prêtre de la poche de qui elle sortait, laquelle ne présente que la charpente d'un corps politique aussi mobile que la girouette, soumise à
l'action de tous les vents, parcequ'il n'y a rien qui
l'arrête; cette constitution jésuitique, d'où l'on
avait affecté de bannir tout système pour pouvoir
jésuitiquement les introduire tous, excepté ceux
qui n'étaient pas favorables au despotisme; cette
constitution qui a rempli sa destinée, au-delà de
toute expression, et qui est les antipodes du texte
substantiel de celle de 1791 et de la Charte, prouve
le danger de l'absence de tout système fixe. Le va-
gabond qui ne se fixe pas, l'hypocrite qui se couvre
d'un masque, ont leurs motifs; ils savent qu'ils
ne peuvent être connus sans être en horreur, comme
le sont toujours les traîtres, soit dans les républi-
ques, soit dans les monarchies; la morale est une!
Enfin cette constitution, qui *avait nommé Buona-*

parte premier consul, le laissa nommer *consul décennal, consul à vie, empereur*, sans donner un signe de vie, sans trouver un chat qui la *défendît*, si ce ne fut *Carnot, Lanjuinais*, qui eurent cette bonhomie, sans doute plus pour montrer qu'ils avaient été dupes que par la conviction qu'on pût la défendre. Qui peut défendre la proie abandonnée à la curée ?

Voilà quatre gouvernements successifs qui ont péri, la France qui a été trente ans dans les tourmentes du gouvernement révolutionnaire, parcequ'on a violé la constitution, toujours dans l'intention bien manifeste de l'affermir ; c'est pour cela qu'on transféra la législature à *Saint-Cloud ;* le majestueux Cambacérès, complaisant ministre de la justice, l'assura dans une pasquinade appelée *proclamation !* Il s'agissait seulement de *modifications.* Est-ce là l'existence versatile que l'on veut donner au gouvernement de la Charte ? Le retour des mêmes symptômes fait craindre le retour des mêmes maux. Quelle est cette distinction que l'on fait dans la Charte, entre des dispositions *réglémentaires* et des dispositions *fondamentales ?* Est-ce qu'il y a une disposition dans la Charte qui ne soit pas fondamentale ? La constitution est la loi fondamentale : toute disposition qui se trouve dans la constitution est par le fait même fondamentale ; elle ne peut être dans la constitution et n'y être pas. Le sens commun l'indique. On semble ne plus vouloir le consulter ; on préfère se livrer à une loquacité qui produit des fatras, tels qu'on n'en vit jamais. Si la naissance des lumières est accompagnée de la difficulté de s'exprimer, il semble que la loquacité, le bavardage, soient le symptôme le plus alarmant de leur dégénération. On semble vouloir noyer la vérité, les saines théories, dans des déluges de mots. Quoi qu'il en soit, on ne nous persuadera jamais, dans nos campagnes, que la loi fondamentale a des dispositions qui ne sont pas fondamentales.

C'est comme si l'on disait que *la chambre des députés* contient *des députés* qui ne sont pas *députés*, ou qu'on ne les a mis là que pour en faire tout ce qu'on voudrait. Assurément ce langage choquerait, avec raison, chaque député, toute l'assemblée , et la nation, que cette assemblée représente plus immédiatement que les deux autres branches du pouvoir législatif. Chaque député est législateur et inviolable comme la chambre elle-même, ou plutôt la chambre n'est inviolable que parceque chaque député l'est individuellement ; qu'un député cesse d'être inviolable, la chambre cesse de l'être par là même.

Il en est ainsi des articles de la Charte. Chaque article est fondamental , parcequ'il est dans la loi fondamentale ; chaque article est inviolable, parceque si on en viole un, on peut les violer tous : c'est rouvrir le cratère des révolutions. Le roi tient son inviolabilité de la Charte ; détruisez l'inviolabilité de la Charte, vous détruisez celle du roi; vous mettez la tête du roi à découvert, vous exposez la nation à toutes les horreurs de l'anarchie!!! La violer une fois, c'est dire qu'elle n'est pas inviolable : il n'en faut pas davantage pour l'exposer au mépris d'une prostituée: car celle qui a de la force et de la vertu ne se laisse pas violer : Lucrèce meurt, et ne se rend pas !....

On a pu changer l'étendue, le mode des corps

électoraux, parceque la constitution n'a pas dé-
terminé qui serait électeur : c'est une lacune dans
son texte; mais cette lacune, peut-être très sage,
donne la latitude de se livrer à des essais légaux,
les seuls tolérables.

Il n'en est pas ainsi de la septennalité, que l'on
veut mettre à la place de la quinquennalité. La
constitution a prononcé que le renouvellement de
la chambre des députés aurait lieu tous les ans par
cinquième. Cette disposition est écrite dans la
Charte; donc elle est fondamentale, et partant
immuable. Toute modification à la Charte serait
une violation : le pouvoir constituant n'existe plus ;
il a été remplacé par une législature et un pouvoir exécutif qui tiennent leur mandat, l'un et
l'autre, de la constitution, à laquelle ils ont prêté
serment de fidélité. Le mandataire ne peut altérer
le mandat sous prétexte de le corriger, ceci est ri-
goureux.

Eh! que dirait-on d'un ami qui m'aurait prêté
serment de fidélité, et qui voudrait me couper un
bras, ou même le cou, sous prétexte qu'il n'est pas
assez long, ou qu'il est trop remuant ? et ne ferait-
il que me rogner les ongles, qu'importe, si cela
montre que ma personne est exposée à ses ciseaux
ou à son coutelet, enfin qu'elle n'est pas pour lui
un objet sacré, invulnérable?

La septennalité n'est peut-être rien en soi ; mais
c'est l'immutabilité constitutionnelle qui est tout,
puisque c'est elle qui ferme la porte des révolutions.

Veut-on que le renouvellement des députés
présente des dangers? On a raison, s'ils peuvent

changer la constitution, révolutionner sans cesse. Mais, pour prévenir ce danger, rendez-la inviolable, ou plutôt laissez-la inviolable, telle qu'elle est; c'est-à-dire, respectez chacune de ses dispositions indistinctement; car si l'une peut être changée, toutes peuvent l'être également, n'étant pas plus fondamentales, plus constitutionnelles, plus inviolables, plus sacrées les unes que les autres. Faisons attention qu'une disposition quelconque de la Charte n'est pas fondamentale par la matière qu'embrasse cette disposition, mais par la place qu'elle occupe sous la rubrique de *Charte constitutionnelle,* c'est-à-dire de *Loi fondamentale,* émanée de l'autorité constituante, qui seule peut la changer.

Mais, dira-t-on, si la Charte a des défauts, ne pourrons-nous pas la corriger? La corriger !... Qui? Vous êtes mandataires, et non pas mandats. De plus faites attention que lorsque la Charte a été faite, les différents partis ne sachant ce qu'ils deviendraient, la France, comme la Pologne, se trouvant envahie par les étrangers (par l'effet du défaut de constitution, ce qui avait énervé et énervera toujours les états), on a dû y stipuler ce qui était le plus conforme à l'intérêt de chaque parti, le plus propre à leur servir de lien pour reconstituer l'état en dissolution. Si maintenant on laisse prendre à chaque parti, à mesure qu'ils arriveront tour à tour à dominer, le pouvoir de changer la constitution, chacun la changera dans son sens, c'est-à-dire au rebours du bon sens, qui, en politique, veut qu'on consulte l'intérêt général, et non l'intérêt individuel, ou l'intérêt de coterie.

La Charte ne peut pas être changée, parcequ'elle

n'établit pas d'autorité constituante ou de révision. C'est encore une lacune, mais encore une lacune peut-être très sage. Il fallait fermer tout-à-fait le volcan des révolutions, fixer l'état sur une base désormais immuable; tâcher de retrouver dans la paix et la stabilité le bonheur que nous avions perdu dans la guerre, les troubles et les révolutions. La Charte a plus besoin d'être complétée que d'être changée : nous nous sommes assez et trop long-temps livrés à la politique expérimentale. Quand l'instant sera venu d'y introduire une plus grande perfection, alors on s'occupera de créer une *autorité constituante* ou de *révision;* jusque là, suivons la Charte, sachons tirer parti de notre expérience; saluons chaque matin celui par la sagesse de qui s'élève cet arbre majestueux, à l'ombre duquel repose la paix et commence à se montrer le bonheur, et qui n'a besoin que de vieillir pour acquérir la force du vieux chêne qui résiste au choc de la tempête. Ah ! réfléchissons enfin (1) !

(1) Ceci était écrit avant l'adoption de la loi sur la septennalité. Si la liberté de la presse est le droit de critiquer les actes législatifs et exécutifs, à plus forte raison peut-on le faire lorsqu'ils n'existent pas encore, qu'ils sont en projets ; lorsqu'ils existent, tout citoyen ou sujet doit s'y soumettre, voilà son devoir sans équivoque. Mais son droit, non moins évident, c'est de pouvoir manifester son opinion sur ces actes lorsqu'il les croit nuisibles. La liberté de la presse, telle qu'on l'entend en politique, n'est certes pas la liberté de manifester ses opinions en matière de romans, de poésie, de chimie, on n'a jamais contesté ce droit-là ; mais on l'a contesté relativement aux actes de l'autorité, soit législatifs ou exécutifs. Or, c'est pour établir ce droit précieux, qui donne un organe à l'opinion nationale auprès de l'autorité, du législateur sur-

On a déjà parlé de Buonaparte. On ne peut disconvenir que cet homme n'eût de grandes qualités, mais plutôt comme guerrier que comme moraliste et législateur, deux qualités que les anciens ne séparaient pas. Durant les premières années de son gouvernement, il a été admirable, au point de faire presque oublier son usurpation (si un grand peuple oubliait jamais une telle chose), s'il eût continué d'écouter les *François de Neufchâteau,* les *Chaptal,* les *Moreau,* les *Bernadotte* les *Jourdan. * Les deux premiers ont fécondé, pendant leur ministère, l'agriculture et les arts, leur ont donné une extension qui tient du prodige : sans l'accroissement de ressources qui en est résulté, la France n'aurait jamais pu suffire au surcroît de dépenses occasionées par tant de guerres et de désordre ; sans ces immenses ressources, créées par deux ministres d'un immense génie, il n'y a pas de doute que la France eût succombé. *Moreau* apprit un des premiers à un peuple libre qu'il peut résister à une grande coalition ; et, après des victoires admirables, il acheva de compléter, par une retraite immortelle, la gloire d'un grand capitaine. *Bernadotte,* d'une

tout, que la loi fondamentale, déclarative des droits, établit la liberté de la presse. Si un Français a pu proposer de changer le texte de la Charte, un autre peut, avec plus de raison, proposer à son pays la fidélité à la loi jurée, proposer de maintenir l'intégrité du texte, quand on veut le changer, ou son rétablissement nécessaire, quand on l'a changé. La loi sur les rentes, que l'on a rejetée, était bien moins dangereuse. Une perte en argent peut se réparer ; mais le défaut de stabilité conduit à une perte certaine, surtout s'il se manifeste dans les bases de l'édifice social, comme le prouve l'histoire, et la nôtre en particulier.

bravoure qui rappelle celle d'*Achille*, d'une élo-
quence qui rappelle celle du vieux *Nestor*, avait
recréé l'armée, comme Orphée bâtissait les villes,
par des sons éloquents, que l'on savait partir d'une
âme pure, grande, généreuse et nationale... *Jourdan*, plus grand encore, sut vaincre l'amour-pro-
pre par patriotisme : c'est le héros de la vertu.

Tant que Buonaparte a écouté ces véritables
grands hommes, *il a employé toutes les opinions*, et
tout lui a réussi ; la France était glorieuse, triom-
phante, et, qui plus est, pacifiée, avec des frontières qui rappelaient celles de l'empire de Charle-
magne. Mais dès qu'il a cessé d'écouter ces sages
(dont le nom est dans nos campagnes comme ceux
de *Manco* en Amérique, de *Triptolème* chez les Grecs,
d'*Isis* chez les Égyptiens, de *Mars* chez les anciens) ; oui, dès qu'il a cessé d'écouter ces sages et
ceux qui étaient imbus de la même sagesse ; dès
qu'il les a eu éloignés ou neutralisés, pour n'écouter que les *absolutistes*, il n'a plus éprouvé que des
revers ; chaque victoire même le menait à sa chute,
parcequ'en étendant sa domination, elle la rendait
toujours plus difficile à soutenir, n'ayant pas de
point d'appui dans l'opinion des peuples. Grand
et mémorable avis à ceux qui croient qu'on peut
régner aujourd'hui par les baïonnettes. Combien
l'a-t-on entendu répéter de fois par les aveugles
esclaves qui l'environnaient ! On eût dit être à Con-
stantinople ou à Téhéran, où l'on administre avec
le damas, mais aussi où le monarque ne jouit pas
de plus de garantie que le peuple. Quelle différence
de ce prince du sabre au prince de la loi qui règne
en Angleterre ! Il faut à la France un roi puissant

par la loi, comme celui d'Angleterre, comme celui de la Charte ; voilà ce que l'exposant désire ; et non pas un roi à janissaires et à aristocratie, c'est-à-dire un poulet dans une volière, toujours sous le couteau. Un empereur de Russie est-il autre chose ? Sa tête est sacrée tant qu'il fait des lois seigneuriales : veut-il être populaire, juste, humain enfin ; dans le *va in pace.* La constitution de Rome détruite, l'autorité du sénat ayant passé dans les courtisans, toujours versatiles, vains, sots et cruels, toujours prêts à corriger, les empereurs se sont trouvés en proie à la soldatesque, instrument de l'aristocratie (qui la commande) contre les peuples et les rois. Ce désir motivé vous fait connaître comme je suis ennemi du gouvernement. J'ai voulu entrer dans quelques détails à cet égard, pour vous persuader que lorsque je me permets d'avoir une opinion et de la soutenir, cette opinion est suffisamment éclairée pour n'être pas un caprice. Je suis opinioniste comme tout honnête homme l'est, avec franchise et droiture. S'il faut, pour le débit du tabac, une personne qui n'ait aucune idée politique, hé bien, qu'on le donne à ma femme, qui ne connaît rien que son pot-au-feu, son aiguille et son fuseau, et que l'on veut même qui ne connaisse pas de Dieu. Oh ! pour ce dernier point, je le nie ! et je rentre dans la discussion des faits.

On veut que l'exposant soit l'ennemi du gouvernement du roi. Il pourrait dire : Par le monopole, le roi est marchand de tabac en gros ; moi, je suis marchand en détail, et je vends pour son compte, c'est-à-dire que je suis son commis. Or, un commis ira-t-il trahir son patron pour le seul plaisir de faire une action infâme? cela ne se peut pas. Quel intérêt ai-je que le roi soit changé? vendrai-je plus de tabac sous un autre? ou serait-ce l'espoir d'obtenir des récompenses pour mes services militaires? mais les ai-je refusées, quand on me les a offertes, pour les solliciter plus tard? On doit savoir que les nobles guerriers de la liberté n'ont pas le dos très souple pour solliciter, à supposer que l'intérêt fût mon seul guide, et je vous assure que je me pique d'avoir d'autres sentiments. Je fais mon devoir, je vote ou je manifeste mon opinion sans consulter mon intérêt, en bon et loyal Français; et vous n'ignorez pas qu'il est des temps où ce simple devoir peut passer pour une vertu stoïque. Tel est pourtant l'homme que l'on accuse de la plus basse des actions, d'une trahison! les preuves qu'on en donne sont aussi absurdes que l'accusation même, et l'on pourrait fort bien les rétorquer contre les délateurs; alors elles montreraient le mobile d'un intérêt qui n'existe pas du côté de l'exposant. — Quoi! se dit-il, il sera donc permis de vous supposer un conspirateur, sans avoir proféré un seul mot, fait un seul geste, par le seul fait que l'on vend de l'eau-de-vie, et que l'on remet un journal de la main à la main? Dans ce cas-là, que de conspirateurs! tous les marchands d'eau-de-vie, et la poste elle-même, le sont. Certes, les criminalistes ne seront pas peu surpris à cette nouvelle doctrine, qui incrimine des actions où jusque là ils n'avaient rien vu que d'innocent? Le fait est que depuis le grand nombre d'années que je fais librement le commerce, avec ma patente dans ma poche, je n'avais encore rien vu de pareil, et je ne devais pas m'attendre à le voir sous un gouvernement éminemment pacifique.

Avec ma patente ne puis-je pas faire le commerce, tandis que d'autres le font sans patente, et avec de bien plus forts bénéfices? mais ne serait-ce pas cette seule différence, et la différence qui en est résultée, qui fait ici tout le délit? Bref, n'est-ce pas une concurrence que l'on a voulu écarter? et l'histoire de la conspiration, comme celle de la religion, qui va suivre, ne serait-ce pas une enluminure pour cacher le fond d'un pitoyable tableau ; disons-le, d'une spéculation qui n'est pas du goût des élèves? Ce n'est pas que ces jeunes gens cherchent à thésauriser; mais chacun sait qu'ils ne sont pas riches : ils cherchent à économiser sur leurs achats; ils ont raison, et l'exposant avait le mérite de leur en donner le moyen, comme on l'a vu. Il gagnait peu ; mais il était content, et eux étaient contents aussi. Mais un aristocrate cherche son contentement, et non le contentement général. « Chercher à con-» tenter ce vil peuple, ah ! la race des dieux est-» elle faite pour cela? » Toutefois, si c'est encore une conspiration que de regretter que ces bons élèves ne viennent plus dans sa boutique, de ne plus les voir, l'exposant s'avoue très conspirateur.

Il passe tellement pour tel, ou plutôt sa destitution, que chacun sait être sans motifs, a tellement répandu la terreur, qu'on le plaint ; mais la plupart de ses pratiques n'osent plus venir dans sa boutique qu'en cachette, de crainte de persécution. Une seule injustice peut détruire la sécurité, et par conséquent l'amour de tout un peuple.

Voilà le fruit du zèle, de la tendresse de ces

hommes qui n'aiment qu'eux-mêmes dans leur amour outré du gouvernement, étrangers à tout sentiment national, et par conséquent dénaturés, et par conséquent souverainement injustes : car la justice suit la nature : la nature nous attache à notre mère : notre première mère c'est la patrie, notre pays, qui a protégé, élevé celle qui nous donna la vie. Les animaux, même les plus sauvages, nous donnent des exemples de cet amour. Mais l'homme dénaturé et injuste. ou injuste et dénaturé (car c'est tout un), y est insensible ! Laissons-le dans son isolement ou avec ses complices, l'égoïsme, la trahison, la vénalité, l'orgueil et la bassesse ; mais

A tous les cœurs bien nés que la patrie est chère !

On en trouve la preuve vivante dans les élèves de l'école d'*Alfort*, aussi tous ceux qui les connaissent ne les aiment pas moins que l'exposant. Ces élèves sont patriotes, doux, polis, bien disciplinés ; il faut avoir le diable au corps, qu'on veuille bien passer l'expression, pour en faire des conspirateurs, et d'un pauvre buraliste l'agent de la conspiration !... Tout le monde en rit de pitié ; mais avec tout cela, le pauvre buraliste pleure la perte de son pain et de celui de sa famille. Bien ou mal jugé, il est réduit à la mendicité dans la vingt-sixième année de son commerce, exactement pour avoir *vendu à bon marché*, pour avoir été *obligeant*, et pour avoir été accusé d'*irréligion*, sans qu'on puisse lui imputer autre chose qu'un propos faux qu'on prête à sa femme.

§ III.

Accusé d'irréligion ! mais le propos qui a donné lieu à cette étrange accusation eût-il été tenu par la femme de l'exposant, qui le désavoue formellement, qui ne sait que dans la vivacité de la conversation il échappe souvent des mots déplacés, dont on se repent dès qu'on y réfléchit? On a vu les soldats de l'ex-empereur le maudire dans les camps, l'appeler *bourreau, mangeur d'hommes*, cela est arrivé particulièrement à *Friedland*, en sa présence, sans qu'il y ait fait attention ; et, l'instant d'après, ces mêmes soldats ont combattu comme des lions pour sa vaine gloire. Qui n'a vu de ces bourrus bienfaisants, après les propos les plus rudes, les procédés les plus acerbes, se livrer aux actes d'une bienfaisance exemplaire? Il ne faut donc pas juger si légèrement des sentiments aux apparences extérieures, surtout lorsqu'il s'agit de *morale* ou de religion, deux choses que nous sommes habitués à regarder comme n'en faisant qu'une. Le fait est que la femme de l'exposant est une personne religieuse, bavarde, mais bonne et brave femme; c'est ce que tout le monde attestera. Quant au propos, qui attestera qu'elle l'a tenu? qui? personne ; il n'existe que dans la bouche de quelque honnête *Basile*. Au demeurant, aurait-elle tenu un tel propos, il ne peut lui être imputé, à lui, buraliste titulaire. Quel honnête homme peut répondre qu'il n'échappera un coup de langue à sa femme? et qui ne sait que cela arrive même à celles qui ont reçu une éducation plus relevée que celle de l'exposant? mais on est convenu d'avance d'apprécier ces choses-là comme elles doivent l'être, au lieu de chercher à les empoisonner. Singulière manière de propager la religion du Christ, c'est-à-dire une religion de charité, en incriminant jusqu'à des propos obscurs ou supposés, et de vouloir faire mourir de faim deux vieillards et deux enfants, enfin toute une famille! Supposons le propos vrai, aussi bien qu'il est faux, si l'on eût dit au délateur : *Que celui qui n'en a jamais tenu de déplacé lui jette la pierre,* est-il bien sûr qu'elle eût été lancée? Dieu de miséricorde, ayez pitié de lui !

Messieurs les Députés, l'exposant est un campagnard naturellement causeur; vous passerez à son caractère et à sa franchise ce long récit, qui n'est que l'historique de ses opinions manifestées, où il a laissé aller sa plume sous la dictée de son cœur tout français, et par conséquent dévoué à son roi, non par intérêt, mais par patriotisme. Voilà à peu près les seules opinions politiques que l'exposant ait manifestées depuis deux ans. Tant de personnes, plus éclairées que lui, à qui il les a communiquées, les ont approuvées, qu'il espère que vous les approuverez aussi; que, dans le cas contraire, comme elles n'ont pour objet que le maintien de la loi, et l'éloignement des révolutions, vous ne verrez point dans ces opinions une cause d'incapacité, pour celui qui les professe, de vendre du tabac pour le compte du roi. Si la loi fondamentale a des ennemis secrets qui veulent la changer, ce n'est pas un motif de lui ôter son bureau, à lui qui veut la conserver. En bonne justice, c'est sur les novateurs ou les révolutionnaires que devrait porter le châtiment. Du lieu de sa boutique, où il ne craint que Dieu, il voit s'élever, sous les murs de Vincennes, la fumée du sang de d'*Enghien*, versé par les hommes qui foulaient les lois aux pieds. *Murat*, *Fouché*, coryphées des coups d'état inconstitutionnels, coryphées de l'arbitraire enfin, où êtes-vous? devant le tribunal de l'Éternel! C'est à ce tribunal que l'exposant ajourne ceux qui, méprisant les lois, frappent sans pitié ceux qui les aiment, ou qui sont toujours prêts à les défendre. Pour lui, il sera toujours prêt pour cette défense. Si des imprudents, aveuglés par leurs passions, osent attaquer l'arche d'alliance, ou veulent briser la pierre angulaire de l'édifice, la Charte enfin, que le roi fasse un appel à ses amis, et un million de vieux guerriers, les anciens camarades de l'exposant, sont prêts à s'armer pour défendre son intégrité! L'exposant ne craint pas d'être démenti par ces célèbres guerriers. La Charte vierge ou les désordres d'une prostituée, voilà la seule alternative que nous présente l'expérience, le sort des quatre constitutions précédentes. Si ce sort est une profonde leçon pour les peuples, elle ne l'est pas moins pour les ambitieux, les ennemis des lois, et les tyrans persécuteurs inhumains. C'est bien le cas de répéter avec saint *Augustin* : « Disons maintenant, mes frères, par » une prévoyance qui nous sera très utile, Tout passe » comme l'ombre; de peur que nous ne disions un » jour, comme ces méchants, avec des regrets et des » larmes inutiles, Tout est passé comme l'ombre. »

L'exposant est un brave homme, Messieurs les Députés; tout le monde vous le dira: et tenez, voilà les témoignages des autorités civiles et religieuses de la commune, savoir : 1° du maire, certifiant que l'exposant est un parfait honnête homme, bon époux, bon père de famille ; qu'à partir du jour où M. le directeur lui a défendu de livrer aux élèves, il s'en est abstenu ; enfin M. le maire supplie qu'on lui rende son bureau ; 2° du conseil municipal dans le même sens ; 3° des vingt principaux habitants, toujours dans le même sens ; 4° du curé de la commune, certifiant que l'exposant a *toujours exactement suivi la religion de ses pères,* et qu'il est à espérer que sa femme la suivra également ; 5° espèce de mainlevée du préfet de police, qui, circonvenu, avait sollicité la destitution, et qui, après les renseignements pris, atteste qu'il n'y a rien à reprocher à l'exposant ni à sa famille : qu'ainsi rien ne s'oppose à ce que son bureau lui soit rendu. Toutes ces pièces justificatives sont déposées dans les bureaux de la direction, jointes à l'avant-dernière pétition de l'exposant.

Il n'a pas mérité son malheur ; ce malheur est grand pourtant. Ah ! si vous étiez chez lui, si vous voyiez toute une famille, à qui l'on a ôté son seul gagne-pain, obligée de recourir à la charité publique.... Vous êtes d'excellents hommes ; vous en seriez touchés, on n'en doute point, et vous lui feriez rendre son bureau, bureau qu'elle avait fondé sous l'empire de la liberté du commerce du tabac, et qu'elle ne croyait pas devoir lui être enlevé vingt-six ans après, sous le monopole, ou plutôt par la calomnie.

Ce ne sont pas là, à coup sûr, les intentions paternelles du roi. Le roi, digne fils de Henri VI, *sait qu'il faut que tout le monde vive.* Et c'est de son état qu'il faut vivre, et non pas de celui des autres. Ces usurpations pèchent contre la légitimité. Dès lors elles sont intolérables, sous une administration qui se respecte, et qui tient, par-dessus tout, à faire respecter le *gouvernement*.

RÉSUMÉ.

1° L'exposant a remis le *Constitutionnel* à des élèves de l'école d'*Alfort* uniquement pour *obliger*. Il défie qu'on cite un mot, aucun fait ni geste qui puisse, il ne dira pas prouver, mais même faire soupçonner le contraire.

2° Quand il a reçu du directeur de l'école la défense, telle quelle, de vendre aux élèves, il a *obéi passivement*.

3° On attribue un propos irréligieux à sa femme, qui est faux ; et, fût-il vrai, ce n'est pas à lui, buraliste titulaire, qu'on l'impute. S'il était vrai, il le blâmerait, le condamnerait ; mais faudrait-il qu'il en fût puni, lui innocent ? Et cette punition n'est-elle pas du spirituel plutôt que du temporel ? du fait du curé plutôt que de l'administration ? Le curé, digne ministre de l'Évangile, eût imposé une pénitence, au lieu du châtiment cruel de faire mourir toute une famille de faim. Ce châtiment n'est ni juste, ni religieux, ni politique par conséquent.

Le second de ces motifs, qui se trouve encadré habilement entre les deux autres, pour lui donner une teinte convenue *d'esprit de parti* et *d'irréligion*, ce second motif ne serait-il pas toute l'affaire ? Ne serait-ce pas là la cheville ouvrière de la destitution ? ne serait-ce pas une concurrence patentée, achalandée, préférée, que l'on a voulu proscrire, pour favoriser un commerce scolastique, sans patente? bref, ne serait-ce pas ici une victime immolée à de petits calculs? Dans ce cas, quel serait le regret de l'administration d'avoir servi d'instrument, contre un de ses subordonnés, à des passions si peu dignes de son approbation, et encore moins de son appui!

Voilà les faits, Messieurs les Députés ; l'exposant les a rapportés naïvement, tels qu'ils lui sont connus ; il n'a cherché à les farder, ni à les taire. Les explications dont il les a accompagnés sont également naïves ; elles sont l'expression vraie de la conscience : elles auraient pu être autrement, mais elles n'auraient plus eu le même degré de vérité, les signes n'auraient plus été en si parfaite harmonie avec les choses signifiées. Ces explications sont donc telles que l'exposant les déduirait devant l'Éternel.

Maintenant, qu'on s'agite, qu'on se démène, pour trouver de nouveaux entortillages ; la vérité, toute la vérité vous est connue ; l'exposant se repose sur elle ; sur votre perspicacité et votre amour de la loi.

CONCLUSION.

Un constitutionnel peut être *buraliste* comme un autre ; bien plus, il doit l'être tant que le monopole des tabacs existera, si ce titre lui a été donné comme récompense militaire. Il ne peut lui être ôté qu'en lui faisant son procès : autrement la garantie donnée aux militaires en retraite, par l'article 69 de la Charte, serait entièrement illusoire.

Si, dans sa sagesse, M. le directeur ne jugeait pas à propos de réintégrer l'exposant dans son bureau d'Alfort, il le supplie instamment de lui en donner un *ailleurs*; il y a un droit acquis par son sang qui a coulé plusieurs fois à la défense de la patrie, et par la loi qui a consacré une partie des places de buralistes aux récompenses militaires, et par la Charte enfin qui garantit ces récompenses. Bientôt sexagénaire, la vue tellement affaiblie qu'il est exposé à la perdre, sa femme à peu près du même âge, chargés de deux enfants, trop âgés l'un et l'autre pour se faire un nouvel état, leur sort est entre vos mains : votre puissante intervention, votre sollicitude paternelle ne les laissera pas périr.

Dans la commune populeuse de Charenton, par exemple, il n'y a pas de bureau de tabac ; il y aboutit, surtout le dimanche, un grand nombre de forains ; les habitants s'approvisionnent de tabac à Paris, ou sont obligés de le faire porter par les voitures. Qu'on veuille lui permettre d'y ouvrir un bureau ; il ira s'y établir avec sa famille, qui vous devra son existence et d'éternelles actions de grâces !

L'exposant est avec un profond respect,

Messieurs les Députés,

Votre très humble et très obéissant serviteur.

LANGLOIS,

Constitutionnel, il est vrai, mais non conspirateur.

Alfort, ce 1er juillet 1824.

IMPRIMERIE DE LACHEVARDIERE FILS,

successeur de Cellot,

rue du Colombier, n. 30.